Fracasse, fracasse de novo, fracasse melhor

Pema Chödrön

Fracasse, fracasse de novo, fracasse melhor

A grande arte de fracassar

Apresentação Bel Cesar

© Copyright © 2015 Pema Chödrön
This Translation published by exclusive license from Sounds True, Inc.
Título original: *Fail, fail again, fail better: wise advice for leaning in to the unknown*
1ª Edição, Editora Gaia, São Paulo 2021

Jefferson L. Alves – diretor editorial
Richard A. Alves – diretor-geral
Flávio Samuel – gerente de produção
Juliana Campoi – coordenadora editorial
Lúcia Brito – tradução
Maria Letícia L. Sousa – revisão
Eliane Miranda – diagramação

Obra atualizada conforme o
NOVO ACORDO ORTOGRÁFICO DA LÍNGUA PORTUGUESA

DADOS INTERNACIONAIS DE CATALOGAÇÃO NA PUBLICAÇÃO (CIP)
(CÂMARA BRASILEIRA DO LIVRO, SP, BRASIL)

Chödrön, Pema

　Fracasse, fracasse de novo, fracasse melhor : a grande arte de fracassar / Pema Chödrön ; tradução Lúcia Brito. -- 1. ed. -- São Paulo: Editora Gaia, 2021.

　Título original: Fail, fail again, fail better
　ISBN 978-65-86223-02-6

　1. Autoajuda 2. Budismo - Ensinamentos 3. Fracasso (Psicologia) 4. Incertezas I. Brito, Lúcia. II. Título.

20-47426　　　　　　　　　　　　　　　　　　　　　CDD-158.1

Índices para catálogo sistemático:
1. Fracasso : Psicologia aplicada 158.1
Aline Graziele Benitez - Bibliotecária - CRB-1/3129

Direitos Reservados

editora gaia ltda.
Rua Pirapitingui, 111-A — Liberdade
CEP 01508-020 — São Paulo — SP
Tel.: (11) 3277-7999
e-mail: gaia@editoragaia.com.br

ⓖ globaleditora.com.br　　◉ /editora_gaia
● blog.globaleditora.com.br　ⓕ /editoragaia
▶ /editoragaia

Colabore com a produção científica e cultural.
Proibida a reprodução total ou parcial desta obra sem a autorização do editor.

Nº de Catálogo: **4410**

Ani Pema Chödrön
foi convidada para fazer o discurso
de formatura para a turma de 2014
da Universidade Naropa
em Boulder, Colorado.

Este livro contém a íntegra do
discurso, além de uma entrevista
com Tami Simon, proprietária da
editora Sounds True, sobre fracasso,
arrependimento e mergulho no belo
mistério da vida.

Para minha neta Alexandria —

com amor e apreço.

"Sempre tentei. Sempre fracassei. Não importa. Tente de novo. Fracasse de novo. Fracasse melhor."

Samuel Beckett

Sumário

Apresentação, de Bel Cesar
13

Pra frente, de Seth Godin
17

Discurso de formatura na
Universidade Naropa em 2014
21

Inclinando-se sobre as pontas agudas:
uma conversa sobre fracasso
entre Pema Chödrön e Tami Simon
107

Apresentação

Nascida em Nova York, em 1936, Pema Chödrön tornou-se noviça budista da linhagem Kagyu aos 39 anos com Lama Chime, na Inglaterra. Em 1972, encontrou-se com seu guru-raiz, Chögyam Trungpa Rinpoche, com quem recebeu ordenação plena de monja em 1981. Permaneceu ao seu lado até a sua morte em 1987. Em 1984, ocupou o cargo de diretora do Gampo Abbey, um monastério em Cape Breton, Nova Escócia, Canadá; onde reside desde então, tendo como mestres Dzigar Kongtrul Rinpoche e Sakyong Mipham Rinpoche. Como uma Acharya — professora sênior de Shambhala International —, viaja pela Europa, Austrália e América do Norte, compartilhando seus ensinamentos para grandes públicos.

Pema Chödrön é uma voz ativa que transmite os ensinamentos Shambhala de Trungpa Rinpoche sobre o caminho sagrado do guerreiro da Paz: aquele que é suficientemente corajoso e autêntico para entrar em contato com seu próprio coração.

Aos 55 anos, em 1991, ela escreveu seu primeiro livro *best-seller*: *The wisdom of no escape and the path of loving-kindness* (A sabedoria de não escapar e o caminho do amor e da gentileza). No Brasil, seu primeiro livro a ser traduzido foi *Quando tudo se desfaz*, em 1999, pela Gryphus Editora. Hoje há 30 livros publicados com extensa divulgação.

A força de suas palestras e textos está em seu discurso sincero e direto, tal como era o de seu mestre Trungpa Rinpoche. Eles nos ensinam a seguir um caminho espiritual de desenvolvimento interior sem dogmas religiosos.

Sob a constante pressão de sermos perfeitos para atendermos as demandas do sistema capitalista, nos afastamos da vulnerabilidade humana diante dos desafios da vida. Inibimos a curiosidade de como podemos nos autoacolher diante de nossas falhas e, assim, encontrarmos uma nova chance para seguirmos em frente.

Pema Chödrön nos inspira a resgatarmos o orgulho de sermos quem somos em nossa totalidade ao aprendermos a ir além do certo ou errado, uma vez que acolhemos com gentileza nossas fragilidades e frustrações.

Dessa forma, a autora realiza a meta de seu mestre Trungpa Rinpoche, que dizia que a base da sanidade mental está na vivência de sermos úteis, tanto para nós mesmos como para os outros, e assim confiarmos de que podemos nos conectar com aqueles que sentem o mesmo prazer de ser um guerreiro de Shambhala — um guerreiro da Paz.

Bel Cesar

Pra frente

Meu primeiro livro foi publicado trinta anos atrás. Manuscrito pronto na mão, enviei-o ansiosamente para um autor famoso, um empresário respeitado que eu conhecera meses antes. "Você poderia escrever o *forward* do meu novo livro?", perguntei. Meu editor e meu coautor contavam com meu contato com esse homem para transformar nosso livro no *best-seller* que esperávamos que fosse.

Dois dias depois, o *e-mail* de resposta apareceu na minha caixa de entrada. "Eu ficaria feliz em contribuir para o seu novo livro, Seth, mas, como você digitou *foreword* errado, receio ter que passar."

Como autor inédito, tudo estava em jogo, e esse fracasso muito pessoal e muito descuidado reverberou em mim nos anos seguintes. Eu havia pisado na bola com tudo, pra valer.

Alguns anos atrás, comecei a pensar no episódio de maneira diferente. O que Andy sem querer me ensinou é que "pra frente" (*forward*) é muito mais poderoso e importante do que "prefácio" (*foreword*) jamais poderia ser.

Nos anos seguintes àquele manuscrito, tive mais de mil propostas de livros recusadas que enviei para editoras. Lancei projetos que não funcionaram como eu esperava. Postei textos que não ressoaram e não se espalharam, contei histórias no palco que não surtiram o efeito desejado. Tudo no esforço de seguir em frente.

Para usar uma frase de Pema Chödrön, ir em frente é desistir de "colocar todos os sapos na bacia".

Talvez seu trabalho na vida, seu propósito, seja colocar todos os sapos em uma bacia e mantê--los lá.

Assim que colocamos alguns sapos na bacia, eles saltam para fora, e precisamos começar tudo de novo.

Não seria ótimo, nos perguntamos, se pudéssemos encontrar estabilidade, se tudo saísse exatamente da maneira que esperamos, se todos os sapos enfim ficassem dentro da bacia?

E aí o que aconteceria?

Se vocês se candidataram ao emprego de treinador de sapos, é bom saber que o único jeito de realmente acabar com uma bacia cheia de sapos estáveis (todos eles lá dentro) é sacrificando os sapos. E onde fica a alegria em uma bacia de sapos mortos?

Não, os sapos saltadores não são apenas um aborrecimento infeliz para o domador de sapos. De fato, são tudo o que interessa.

James Carse, autor de *Jogos finitos e infinitos*, nos ensinou o jogo infinito, o jogo que não é jogado para ganhar (como futebol ou mercado de ações), mas que é jogado para ser jogado. Cada movimento do jogo infinito é projetado para ajudar nossos parceiros, para manter o jogo em andamento, para permitir que a dança continue.

Neste poderoso ensaio sobre o fracasso, nossa professora Pema Chödrön conecta os sapos e o jogo. Ela nos ajuda a ver de uma vez por todas que o fracasso faz parte do sucesso, e que ambos são elementos essenciais no movimento para a frente, no jogo infinito.

A generosa e admirável Pema Chödrön nos proporciona aqui, em poucas páginas, a chance de ir em frente. Todos sabemos que o lamaçal e o lixo estão ali fora, do outro lado da porta, esperando para nos atolar, mas Pema nos ensina a dançar. Dance enquanto os sapos saltam.

Seth Godin

Discurso de formatura na
Universidade Naropa em 2014

No primeiro ano de faculdade da minha neta, eu disse: "Se você se formar, eu farei o discurso".

Então, parece que ela está se formando.

Nunca fiz um discurso de formatura antes.
Quando pedi conselhos, disseram: "Breve.
Seja breve".

Pensei muito sobre o que seria útil a todos vocês que estão prestes a sair por aí sem saber o que vai acontecer. E dá para se dizer que isso se aplica a todos nós.

Ninguém nunca sabe o que vai acontecer a seguir.

Mas esses momentos de transição — entre algo definido (como ser um estudante e voltar a isso a cada ano) e coisas incertas — são momentos de um potencial enorme.

Qualquer coisa é possível.

E aí, e agora? Será que vocês vão conseguir um emprego?

Pergunta importante essa.

Como vai ser tentar se sustentar sem a ajuda de ninguém?

Essa é uma boa pergunta.

Um dia me mostraram a capa de um livro da década de 1980; o livro se chamava *O que você vai fazer depois da faculdade?* Na capa tinha um homem se formando de toga e barrete, ele olhava ao longe, muito promissor, mas adentrava em um imenso vazio, um vórtice espiral descendente. Caramba, pensei, essa é uma imagem bem precisa de como é se formar — hoje ainda mais do que nos anos 80.

Lembro quando aprendi a ensinar. Foi aqui em Boulder, na verdade. Eu trabalhava no que agora é o Centro Shambhala, e estava aprendendo a ensinar, como muitos de nós. As instruções que recebi foram: me preparar bem, conhecer o assunto e depois ir lá sem anotações.

Sinceramente, esse é o melhor conselho para a vida:

nada de anotações.

Apenas se preparem bem e saibam o que querem fazer. Deem o seu melhor, mas na real vocês não têm ideia do que vai acontecer.

E anotações têm uma utilidade limitada.

Assim, quando o pessoal da Universidade Naropa perguntou qual seria o tema do meu discurso, decidi não revelar porque achei que, se eu dissesse, não me deixariam falar!

Meu discurso é inspirado em uma citação de Samuel Beckett que segue essa linha. Ele sabia como é esperar sem anotações!

A citação é: "Fracasse. Fracasse de novo. Fracasse melhor".

Se existe uma habilidade que não é muito enfatizada, mas que realmente é necessária, creio que seja saber fracassar bem.

A grande arte de fracassar.

As pessoas dão muita ênfase ao sucesso. E, entrando na onda do momento ou não, todos nós queremos ser bem-sucedidos, especialmente quando se considera sucesso como "as coisas serem do jeito que eu quero". Vocês sabem o quanto é boa a sensação de que uma coisa deu certo. Por essa definição, fracasso é a coisa não sair do jeito que a gente queria.

E [fracasso] é algo para o qual geralmente não nos preparamos muito.

Creio que, na faculdade ou universidade, se existe algo que nos prepare para ter uma ideia de como lidar com a crueza das coisas que não saem do jeito que a gente quer, esse algo é a educação contemplativa. Enquanto eu ouvia os demais oradores, reforçou-se aquilo em que eu já acreditava, que vocês receberam muitas instruções, encorajamento e apoio para sentir o impacto das coisas sem se deixarem arrasar, mas em vez disso assumir a responsabilidade pelo que acontece e ter algumas ferramentas para lidar com sentimentos dolorosos, crus.

Então fracassem, fracassem de novo, fracassem melhor. É assim que se fica bom em manter a crueza da vulnerabilidade no coração.

Ou que se fica bom em "acolher o indesejável". Essa é uma citação da fundadora do PassageWorks Institute, que leva a educação contemplativa às escolas primárias.

Acolher o indesejável.

Se vocês se lembrarem da citação de Beckett, acho que isso ajudará mais do que qualquer outra coisa nos próximos seis meses, no próximo ano, nos próximos dez anos, nos próximos vinte anos, enquanto vocês viverem, até caírem mortos.

Então, como fracassar?

Bem, uma das coisas que quero dizer sobre o fracasso é que **a sensação é muito crua.**

Acho que o mais significativo é geralmente pensarmos no fracasso como algo externo a nós, certo? Não conseguimos ter um bom relacionamento, ou estamos em um que termina de maneira dolorosa. Ou não conseguimos um emprego, ou somos demitidos. Ou não tiramos as notas que queremos, ou mil outras coisas que não são do jeito que queremos que sejam e que consideramos fracassos, algo que acontece conosco.

Geralmente existem duas maneiras de lidar com isso. Culpamos alguém ou algo — a empresa, nosso chefe, nosso parceiro, quem for.

Nos afastamos da crueza, de manter a crueza da vulnerabilidade em nosso coração, colocando a culpa no outro.

A outra coisa realmente comum, provavelmente inerente a qualquer abordagem que adotemos, é nos sentirmos muito mal com nós mesmos e nos rotularmos como

"um fracasso".

Temos a sensação de que há algo fundamentalmente errado conosco — algo basicamente errado.

Acho que é nisso que precisamos de
muita ajuda, nesse sentimento de que
há algo errado conosco, de que *nós*
somos verdadeiros fracassos porque o
relacionamento não dá certo, o trabalho
não dá certo, o que for, oportunidades
desperdiçadas, fazer algo que não deslancha.

Desgosto de todos os tipos.

Uma das maneiras de se levantar
ou ajudar a encarar é começar a **questionar
o que realmente acontece quando há um
fracasso**.

Então, alguém me deu uma citação, algo do *Ulisses* de James Joyce, em que Joyce escreveu sobre como o fracasso pode levar a uma descoberta. De fato ele não usou a palavra "fracasso", usou a palavra "erro", como em "cometer um erro". Ele disse que **os erros podem ser "os portais da descoberta"**.

Em outras palavras, os erros são o portal para a criatividade, para aprender algo novo, para lançar um novo olhar sobre as coisas.

É um pouco difícil dizer o que é um fracasso e o que é apenas algo que muda sua vida em uma direção totalmente nova. Vou me usar como exemplo. O pior momento da minha vida foi quando me senti o maior fracasso, e isso teve a ver com um segundo casamento fracassado.

Eu nunca tinha experimentado tamanha crueza

e vulnerabilidade

e dor

como durante aquela experiência específica de ficar sem chão, de levar uma puxada de tapete.

E eu fiquei muito mal comigo mesma.

Levei três longos anos para fazer a transição de querer voltar para o terreno sólido que eu conhecia antes para chegar ao estágio de ter vontade real de ir em frente em uma vida totalmente nova.

Foi o pior momento da minha vida e resultou em uma vida muito boa, com muita felicidade e bem-estar, um bem-estar profundo que permeia minha vida. E, ainda que essa transformação interna não tenha ocorrido mediante sucesso convencional — nas linhas do sucesso convencional, sabem como é —, o resultado foi ter me tornado uma autora de *best-sellers*!

Existe uma história tibetana que se passa na zona rural do Tibete no século XVIII ou XIX; nessa história, há um casal de idosos, um homem e uma mulher. Eles têm duas coisas que lhes são extremamente preciosas: o cavalo e o filho.

O motivo para o cavalo e o filho serem tão preciosos é que os idosos precisam deles para sobreviver, para que cultivem a terra e cuidem de tudo o que precisa ser feito. O cavalo faz muito trabalho, o filho faz muito trabalho. Eles moram em um vilarejo, e o cavalo, um garanhão bem treinado, um dia foge. Então a esposa e todas as pessoas da vila dizem: "Ó meu Deus! Essa é definitivamente a pior coisa que poderia acontecer. É terrível. *Isso é a pior coisa*".

E o velho diz:

"Talvez sim, talvez não".

No dia seguinte, o garanhão volta com uma égua. Por isso ele havia fugido. Então ele volta com uma égua, e agora o casal tem dois cavalos. A esposa e todas as pessoas da vila dizem: "Uau! Essa é a melhor coisa que poderia ter acontecido. Que sorte. Agora vocês têm esses dois cavalos. Isso é incrível! **É muito maravilhoso!**".

E o velho diz:

"Talvez sim, talvez não".

No dia seguinte, o filho decide que deve domesticar a égua porque ela é um animal selvagem; ao tentar domá-la, ele é jogado no chão e quebra a perna.

Vocês podem imaginar o que a esposa e o resto da vila disseram. "Oh, não. Por que nós? Essa é a pior coisa que poderia acontecer. É uma catástrofe."

E a essa altura vocês já sabem o que o velho disse:

"Talvez sim, talvez não".

No dia seguinte, chega o exército e leva embora todos os homens em condições de lutar na guerra. A esposa e os moradores ainda não captaram a mensagem que estou tentando passar para vocês; ainda são levados pelas circunstâncias externas de um lado para o outro. Quando as circunstâncias são boas, ficam exultantes. Quando são ruins, sentem que a vida acabou.

Mas o velho diz:

"Talvez sim, e talvez não".

A história vai até esse ponto, mas vocês podem imaginá-la estendendo-se ao infinito.

Assim, quando meu segundo casamento acabou, eu poderia ter dito — bem, eu na verdade dizia para quem quisesse ouvir — "Esse é o pior momento da minha vida, minha vida acabou. Vou morrer", e por aí vai. Se o velho estivesse lá, ele teria dito: "Talvez sim, e talvez não".

De volta ao ponto principal, centrado na seguinte questão:

Vocês conseguem se permitir sentir o que sentem quando as coisas não saem como vocês desejam? Quando as coisas não são do jeito que vocês esperavam, desejavam e torciam para que fossem?

Às vezes vocês experimentam expectativas fracassadas como desgosto e decepção, às vezes sentem raiva. Fracasso ou coisas que não acontecem conforme se esperava não são boas, com certeza. Mas, nesses momentos, em vez de se rotular como "fracassado", "derrotado" ou pensar que há algo de errado consigo mesmo, como sempre fazem, talvez vocês possam ficar curiosos sobre o que está acontecendo. E é bem nisso que acho que sua educação será útil. Se vocês se lembrarem do velho e do que ele dizia sobre os acontecimentos, vocês se lembrarão de que **nunca se sabe o rumo que as coisas vão tomar.**

Ficar curioso sobre as circunstâncias externas e como elas nos afetam, observar as palavras proferidas e a discussão interna, essa **é a chave**.

Se houver muito "eu sou ruim, sou terrível", deem um jeito de observar e quem sabe maneirar um pouco. Em vez disso, digam: "O que estou sentindo aqui? Talvez o que esteja acontecendo aqui não signifique que eu seja um fracasso — só estou sofrendo. Só estou sofrendo".

Os seres humanos sentem essas coisas desde o princípio dos tempos. Se vocês querem ser seres humanos plenos e completos, se querem ser genuínos e não fingir que tudo é de um jeito ou de outro, se querem manter a plenitude da vida em seu coração, então essa é a oportunidade para poderem ficar curiosos sobre o que está acontecendo e ouvir os enredos. Vocês não engolem os enredos que botam a culpa em todos os outros. E também **não engolem os enredos** que botam a culpa em vocês mesmos.

Quantos aqui já viram o novo videoclipe da Beyoncé? A canção se chama "Pretty Hurts", e, uau!, no videoclipe Beyoncé captura como é se sentir um fracasso, não é? É tão cru. Ela coloca tudo ali, e você imagina que ela deve saber como é se sentir um fracasso, mesmo que ela seja um sucesso estrondoso e tudo funcione como ela quer.

Beyoncé não poderia ter feito esse vídeo se não tivesse uma experiência real e não sentisse como é fracassar no mesmo grau em que a mulher de "Pretty Hurts" sentiu. Às vezes você pode pegar a crueza e a vulnerabilidade e transformá-las em poesia criativa, escrita, dança, música, canção. Os artistas fazem isso desde o princípio dos tempos. **Transformam em algo que se comunica com outras pessoas**, e a comunicação realmente acontece a partir desse espaço cru e vulnerável.

É o seguinte: **eu já estive nesse espaço de me sentir um fracasso muitas vezes**, por isso me considero uma especialista no assunto. Eu costumava ser como qualquer outra pessoa quando entrava nesse espaço. Meio que me fechava, e não havia consciência, curiosidade ou qualquer coisa.

Eu carregava um bocado de reatividade habitual por tentar sair daquele espaço com a sensação de que havia fracassado. Daí, com o passar dos anos (e a meditação teve um grande papel nisso), comecei a chegar ao estágio em que realmente fico curiosa quando me encontro de novo nesse espaço que se pode chamar de fracasso — o tipo de sensação crua e visceral de ter pisado na bola, ou fracassado, ou entendido algo errado, ou ferido os sentimentos de alguém, seja o que for.

E posso garantir a vocês que é a partir desse espaço que começa uma comunicação verdadeira e genuína com as outras pessoas, porque se trata de um espaço escancarado e muito desprotegido onde, quando encara com seus olhos — a menos que esteja querendo se culpar ou culpar os outros —, você pode ir além da culpa e apenas sentir o sangue escorrer, a qualidade da carne crua.

Não dá para descrever, mas aposto que todo mundo sabe do que estou falando. Assim, a comunicação com os outros e toda a vida acontece nesse espaço, e pela minha experiência é desse espaço que sai a melhor parte de nós. É nesse espaço — quando não nos escondemos, nem tentamos fazer as circunstâncias desaparecerem — que nossas melhores qualidades começam a brilhar.

Por outro lado, desse espaço de fracasso surgem vícios de todos os tipos — vícios porque não queremos sentir, porque queremos fugir, porque queremos nos entorpecer.

Desse espaço vem a agressão, o ataque, a violência contra os outros.

Desse espaço surgem muitas coisas ruins. No entanto, desse mesmo espaço de vulnerabilidade, crueza e do sentimento de fracasso **podem surgir as melhores qualidades humanas** de bravura, bondade, a capacidade de realmente cuidar uns dos outros, a capacidade de ir ao encontro do outro.

Por isso pensei em contar uma pequena história sobre o fundador da Universidade Naropa, Chögyam Trungpa Rinpoche, e minha primeira entrevista a sós com ele. Essa entrevista ocorreu no período em que minha vida estava se desfazendo toda, e fui lá porque queria falar sobre o fato de estar me sentindo tão fracassada e tão ferida.

Mas, quando me sentei diante dele, ele perguntou: "Como vai sua meditação?".

Eu respondi: "Bem".

Aí começamos a conversar, um papo superficial, até ele se levantar e dizer: "Foi um prazer conhecê-la", e me levar até a porta. Em outras palavras, a entrevista havia terminado.

Naquele momento, ao perceber que a entrevista havia terminado, simplesmente despejei toda a minha história:

Minha vida acabou.
Estou no fundo do poço.
Não sei o que fazer.
Por favor, me ajude.

Aqui está o conselho que Trungpa Rinpoche me deu. Ele disse: "Bem, é muito parecido com caminhar dentro do mar; vem uma grande onda e a derruba, e você se vê deitada lá no fundo, com areia no nariz e na boca. Você está lá deitada e **tem uma escolha**. Você pode ficar lá ou pode se levantar e começar a caminhar adiante para sair do mar".

Então você trata de se levantar, porque a opção "ficar lá deitada" significa morrer.

Metaforicamente, ficar deitado é o que muitos de nós escolhemos fazer nesses momentos. Mas podemos escolher levantar e começar a caminhar. E depois de um tempo vem outra onda grande e nos derruba.

A gente se vê no fundo do mar com areia no nariz e na boca, e de novo tem a opção de ficar ali ou se levantar e começar a caminhar em frente.

"As ondas continuam a vir", disse Trungpa Rinpoche. "E você continua cultivando sua coragem, bravura e senso de humor para lidar com a situação das ondas, **e continua se levantando e indo em frente.**"

Este foi o conselho dele para mim.

Trungpa então disse: "Depois de um tempo, começará a parecer que as ondas ficam cada vez menores. E não vão mais derrubar você".

Esse é um bom conselho para a vida.

Não é que as ondas parem de vir; é que, como você treina para manter a crueza da vulnerabilidade em seu coração, as ondas parecem cada vez menores e **não o derrubam mais.**

Muitos de vocês estão sabendo do relatório [de Avaliação Nacional do Clima] publicado há umas três semanas. Foi um relatório bipartidário sobre as mudanças climáticas que dizia três pontos principais:

Primeiro, as mudanças climáticas estão realmente acontecendo (para os que duvidam).

Segundo, há certas coisas que podemos fazer para ajudar a não piorar.

Terceiro, **existem algumas coisas que não têm conserto.**

Vocês estão entrando em um mundo no qual há muitas coisas que não têm conserto. Seja em termos de mudança climática ou de coisas que acontecem na vida de vocês. Então, esse ensinamento de **"fracasse, fracasse de novo, fracasse melhor"** pode ser muito útil quando vocês começarem a se sentir derrubados pelas grandes ondas e começarem a treinar para manter a vulnerabilidade — a crueza e a vulnerabilidade no coração de vocês. Sabendo em primeiro lugar que **é o começo de algo realmente inédito e novo** na vida de vocês, levando-os a uma direção totalmente diferente. E, em segundo lugar, que vai deixá-los mais corajosos, mais fortes e mais disponíveis para as outras pessoas, além de **revelar suas melhores aptidões humanas.**

Muito obrigada.

Inclinando-se sobre as pontas agudas

Uma conversa sobre fracasso entre Pema Chödrön e Tami Simon

Fiquei eletrizada quando Pema Chödrön concordou em fazer uma entrevista complementar ao seu discurso de formatura para a turma de 2014 na Universidade Naropa. A entrevista foi agendada com vários meses de antecedência, e combinamos que seria realizada em uma cabana de retiro em Crestone, Colorado, a aproximadamente quatro horas de carro de Boulder. Eu já estivera lá uma vez.

Ani Pema, como é chamada por muitos amigos e estudantes (Ani é um prefixo que significa "tia", usado com frequência no Budismo Tibetano como pronome de tratamento para as monjas), raramente dá entrevistas. Sabendo disso e valorizando imensamente a oportunidade, resolvi sair bem cedo no dia da entrevista.

Fui para Crestone com um engenheiro da Sounds True, e, como planejado, chegamos trinta minutos antes do horário no acesso de carros para a cabana de Ani Pema. Quer dizer, nós pensamos que fosse uma entrada para carros. Minutos antes do horário marcado para a entrevista, continuávamos a rodar, tendo constatado que o acesso para carros era uma estrada estreita e sinuosa morro acima, subindo, subindo, subindo. Eu procurava o número da cabana de retiro de Ani Pema enquanto passávamos por várias casas, mas nenhum dos números correspondia, então continuamos dirigindo.

A estrada era bastante íngreme, não pavimentada e sem acostamento. O engenheiro dirigia meu carro com muito cuidado para não forçar o motor e não danificar o "carro da chefe" de jeito nenhum. Enquanto isso, eu ficava mais e mais ansiosa. Para falar a verdade, poderia até dizer histérica, pelo menos por dentro. Será que esse engenheiro $%#*! não pode dirigir mais rápido? Onde afinal fica a $%#*! da cabana dela? Agora estávamos quinze minutos atrasados. E se Ani Pema decidisse não dar a entrevista porque perdemos nossa janela de oportunidade?

Estava furiosa com o engenheiro por dirigir tão devagar. E furiosa comigo mesma por nos conduzir pela estrada errada. Eu estivera na cabana de Ani Pema fazia poucos anos; por que não lembrava onde era? Por fim avistamos uma pessoa perto de uma das casas, e ela disse que tínhamos que descer toda a estrada íngreme e depois subir uma pista diferente, a uns cinquenta metros do acesso pelo qual havíamos entrado.

Chegamos à cabana de Ani Pema cerca de vinte e cinco minutos atrasados. Claro que me desmanchei em desculpas. Ela comentou que nem havia reparado.

Essa experiência, por mais insignificante que tenha sido, sem resultados desastrosos reais (de fato, longe disso), me preparou perfeitamente para nossa conversa sobre fracasso. Como fui rápida em culpar o engenheiro da Sounds True por dirigir como uma tartaruga lerda. Com que rapidez depois disso escarneci de mim mesma por não ter uma memória melhor! Puxa. Imagine quão angustiada eu posso ficar e os outros podem ficar quando realmente ferramos com tudo!

Segue aqui minha conversa com Ani Pema sobre fracasso, sobre pequenos e grandes fracassos, sobre a percepção de fracasso mesmo quando nada de terrível está acontecendo, sobre fracasso nos relacionamentos, sobre a experiência de fracasso do nosso corpo físico e sobre por que Ani Pema nos recomenda "fracasse de novo e fracasse melhor".

Tami Simon: No discurso de formatura, você falou sobre como muitos de nós entram no esquema de culpar alguém ou a si mesmo em um momento de fracasso. Gostaria de saber como esse mecanismo funciona. Pela minha experiência, nos sentimos subitamente péssimas quando o fracasso acontece. Pisamos na bola. Sentimos toda aquela sensação estranha em nosso corpo. E, quando nos damos conta, estamos criticando alguém ou a nós mesmas pelo que aconteceu. O que rola ali?

Pema Chödrön: Bem, eu diria que uma forma de descrever isso é que nosso organismo está bem programado para buscar o conforto e evitar desconfortos a qualquer custo. Em um nível muito primitivo, associamos desconforto, que pode advir da sensação de que fracassamos, com perigo; por isso, mesmo que o desconforto seja sutil — um pequeno desconforto —, nosso cérebro em alguma medida o processa como perigo, como algo do qual devemos nos livrar.

Sinto que nós, como seres humanos, precisamos de muita ajuda e apoio para não fugir do que é desagradável, inseguro e aparentemente perigoso. Em outras palavras, eu diria que o impulso de culpar a si mesmo ou aos outros decorre da nossa incapacidade de estar no momento presente, porque o sentimento de fracasso nos desafia. É desconfortável, desagradável.

Podemos começar a entender que é possível ficar com os sentimentos de fracasso — permitir esses sentimentos — e até treinar para dizer: "Não fiz nada de errado, não sou uma má pessoa. Não sou um fracasso, não sou um desastre, não estraguei tudo". Ou: "Basicamente, sou uma boa pessoa e posso permitir esse sentimento, posso experimentar esse sentimento. Posso ficar com esse sentimento por enquanto, talvez por dois segundos, talvez por quatro segundos ou talvez até mais".

Como professora, fico muito inspirada a transmitir maneiras de ajudar as pessoas a não fugir. Ajudar as pessoas a ver que podem permitir o que quer que apareça — sentimentos desconfortáveis, por exemplo. E também a ensinar diferentes métodos para ajudar as pessoas a estarem no momento presente.

TS: Esses métodos são o que realmente me interessa, porque acho que sempre entramos imediatamente no "sou uma pessoa terrível, a culpa é minha". Isso, é claro, depois que paramos de culpar as outras pessoas corresponsáveis por um fracasso em nossa vida, aí vem "eu e minha culpa". As pessoas são muito duras consigo mesmas, sempre tentando decifrar como pisaram na bola numa situação. Então fico curiosa: como alguém interrompe essa tendência no instante em que surge, de modo a poder recuar e ver o que tem por baixo?

PC: Bem, em primeiro lugar, se culpamos os outros ou a nós mesmos, por baixo de tudo sempre tem aquela sensação *terrível* de "não estou bem". Nenhuma palavra chega nem perto do quanto é realmente ruim esse sentimento. Há anos tenho curiosidade sobre esse sentimento. Quando entro nisso, notei que é uma espécie de pavor terrível de que algo medonho esteja prestes a acontecer. Parece horrível e não há uma única panaceia. Mas acho que a *visão* é muito importante. Por visão me refiro à atitude. Você tem que entender que não há nada de errado com você, você está bem, você pode permitir que o sentimento fique ali, você pode "se inclinar sobre as pontas agudas", como Trungpa Rinpoche costumava dizer.

Essa visão significa encarar de frente em vez de dar as costas. Mas não é um método. É se permitir ficar curiosa e encontrar entusiasmo para se inclinar sobre os sentimentos ruins em vez de fugir deles.

É incrível como cada um de nós descobre por si como fazer essas coisas — métodos próprios, por assim dizer. Para mim, esse é um dos maiores exemplos da bondade básica. Quero dizer, quando estamos em contato com nossa bondade inerente, a pergunta não é "Como posso sair desse lugar horrível?", mas "Como posso ir na direção disso? Como posso me inclinar sobre isso? Como posso me abrir para isso?".

Devo dizer também que Trungpa Rinpoche nunca nos deu métodos de um-dois-três passos. Na verdade, os únicos métodos que recebemos foram meditação shamatha-vipassana sentada, meditação de respiração e prática de tonglen. Mas não havia métodos passo a passo para superar os sentimentos ruins quando nos sentíamos mal com nós mesmos ou quando as coisas não iam bem. As pessoas têm a sabedoria de descobrir por si, e disso surge uma grande confiança, quando você percebe que descobriu como fazer.

Verifiquei que, quando dou métodos, as pessoas nunca os seguem passo a passo. Sempre fazem os delas. Elas perguntam:

"Tudo bem assim? Eu meio que adaptei desse jeito". Como você chama aquela coisa que prescreve "um, dois, três"?

TS: Receita.

PC: Receita, isso mesmo. Então, você dá uma receita às pessoas e diz: coloque tanto de açúcar e tanto de sal nesse momento e assim por diante. E aí elas simplesmente não fazem nada daquilo. Quero encorajar essa atitude: apenas pegar os ingredientes e fazer o que quiser. No entanto, para algumas pessoas dar receitas é algo bom, se elas precisarem de um sistema para seguir e acharem que não devem mudar nada.

O primeiro passo, que não é fácil de executar, seria você se conscientizar do que está dizendo para si mesma. Desenvolver a capacidade de recuar um pouco e ficar ciente do que você está dizendo para si mesma naquele momento em que bateu no fundo do poço, em que chegou àquele lugar do pavor. E também é importante observar a história que você está contando para si mesma.

Trabalhar consigo mesma no momento da sensação de fracasso é um pouco como usar as instruções de meditação: ficar atenta à inspiração e à expiração, ficar com o sentimento e, quando a mente vaguear, observar. Observar o que você está pensando. E então apenas retornar. Você percebe quando sua mente se perde na conversa interior desagradável e nas histórias sobre fracasso e a traz de volta para os sentimentos básicos.

É a prática de perceber a diferença entre apenas estar presente e pensando ou ser distraída pelos pensamentos. Da capacidade de perceber a diferença vem a capacidade de perceber o que você está dizendo para si mesma a respeito de circunstâncias externas.

Uma instrução que dou para quando se está nesse lugar difícil é perceber o que você diz para si mesma — e, se for algo muito autocrítico, se for muito severo, não acreditar no que é dito. Ou você pode reformular a conversa autocrítica para que seja mais gentil e positiva. Em outras palavras, você está experimentando o fracasso, o que é muito difícil, e você pode dizer: "Isso está doendo mesmo, mas não fiz nada de errado". Ou: "Isso é bem doloroso, mas não fiz nada de errado. Essa dor não significa que fiz algo errado".

Assim, um mantra que você pode empregar é: "Estou bem. Não fiz nada de errado aqui". Ao mesmo tempo, reconheça que é um lugar muito difícil de estar ou um lugar muito doloroso de estar. Você pode reformular sua fala pessoal de "Sou um fracasso, dei uma pisada na bola aqui. No fundo sou detestável. Na real estou destruída".

Oh, isso é tão triste! Muita gente diz: "Sinto-me acabada". Nem sei quantas vezes ouvi isso. No momento em que você se sente acabada e diz a si mesma "Estou acabada", pode dizer "Ei, espera um pouco. Isso é mesmo bem doloroso, mas não fiz nada de errado".

TS: Isso faz muito sentido para mim no caso de um acontecimento relativamente insignificante — um equívoco, um erro ou algo inocente —, mas as pessoas também experimentam fracassos nos quais há uma consciência de "Sabe, eu *fiz* mesmo uma coisa errada".

PC: Você quer dizer machucando alguém?

TS: Sim, tipo, agir de forma antiética em uma situação. Por exemplo, eu estava interessada mesmo era no dinheiro, não no que era melhor para outra pessoa, e isso agora me assombra, e me sinto um fracasso porque realmente fiz uma coisa errada naquele momento.

PC: Claro que sim. É nisso que os ocidentais precisam de muito treinamento, não é? Porque algo cultural reforça a ideia de que somos essencialmente maus em vez de francos, puros, plenos de possibilidades, inteiros, completos — basicamente bons. Então, quando você fez mesmo alguma coisa intencional que machucou alguém, o que eu recomendo geralmente, como alguém que pratica a confissão duas vezes por mês há mais de trinta e cinco anos, é algo semelhante ao quarto passo do AA. No quarto passo, você produz uma espécie de inventário destemido de todas as coisas que se arrepende de ter feito. A ideia não é induzir culpa e vergonha, nem afastar sua consciência do que realmente aconteceu. É ser franca, honesta e verdadeira em relação aos erros que você cometeu.

Depois de trazer os fatos à tona, você se permite sentir o arrependimento, e esse se torna o método para liberar arrependimentos, dissipá-los. Na liturgia da confissão, você diz: "Tendo reconhecido, posso deixar de lado. Sem reconhecer, não posso deixar de lado". Tem que ser reconhecido. Deixe o arrependimento perfurar seu coração, aí você pode deixá-lo de lado e não precisará carregá-lo pelo resto da vida como um fardo.

Também é importante que, junto com a liberação, você diga: "Fiz uma coisa antiética que prejudicou pessoas, mas isso não significa que eu seja basicamente uma pessoa má. As qualidades que me levaram a fazer isso — ganância, luxúria, medo, agressividade, ciúme, seja o que for — são condições temporárias e removíveis que me impedem de ficar em contato com minha integridade básica".

Os sentimentos de ganância, luxúria entre outros são temporários e removíveis, então vamos removê-los. E como se remove? Primeiro, você adota a visão de que o que é permanente em você é uma integridade básica, uma bondade básica. Aí ganância, medo e todo o resto precisam ser plenamente reconhecidos e deixados de lado — é assim que eles começam a se dissolver. Você não quer que eles apareçam continuamente e a atraiam para aquele caminho outra vez.

O modo de deixar de ser escravo dessas qualidades não é um ato de agressão a si mesmo, no sentido de você dizer: "Essa parte de mim é ruim e quero jogá-la fora". Tem de haver o entendimento de que ser humano é ter todas essas diferentes qualidades, deve haver a noção de reconhecer plenamente tais qualidades. Você precisa entender e acreditar que essas qualidades por si só não devem ter poder sobre você. Os tibetanos dizem que as qualidades não têm uma argola no seu nariz (porque eles costumavam colocar uma argola no nariz dos iaques a fim de puxar os animais para onde quisessem).

Reconhecer sua bondade básica e permanecer presente com os sentimentos realmente funciona! Isso se você estiver disposta a não desviar o olhar nem contar uma história alternativa que embeleze a cena. Se você estiver disposta a estar no momento presente, em vez de encontrar uma saída estratégica que lhe permita não sentir, como se envolver em vícios — beber para esquecer, ficar entorpecida na frente da TV ou agir de forma agressiva. Quando permanecemos presentes, sentimos a plena extensão de como é ter metido os pés pelas mãos, ter feito algo que realmente prejudicou alguém. Sua própria sabedoria aparecerá para dizer: "Não quero mais fazer isso comigo. Não quero seguir nesse caminho". A autoestima ou a bondade para consigo começam a surgir. Uma nova maneira de falar com você mesma começa a surgir: "Sou fundamentalmente completa e não preciso continuar me atrapalhando dessa forma. É muito triste que não apenas eu faça isso, mas que todo mundo esteja fazendo, quando o antídoto é aprender a sentir plenamente a sensação por ter feito essas coisas".

Daí, na próxima vez que a ganância surgir, você pode ouvir em sua cabeça o enredo que começa assim: "Bem, talvez eu possa, sabe como é, trapacear um pouco fazendo isso ou caluniar alguém dizendo aquilo ou algo assim". Depois que você começa a prática de ficar com os sentimentos é muito diferente, porque os pensamentos começam a deixá-la um pouco nauseada. Na mesma hora você vê como é a sensação de desejar, como é a sensação de conspirar, como é a sensação de odiar, como é a sensação de querer vingança. Sempre que você para o processo, entra no presente e sente, você pode começar a fazer novas e melhores escolhas para si.

É uma linguagem budista, mas você pode dizer: "Nasci com tais propensões cármicas específicas (ciúmes, ganância ou o que seja) e vou trabalhar com elas de maneira diferente nesta vida. Quando essas qualidades me dominarem, farei algo afrontoso. Vou ficar presente com elas e treinar assim".

TS: Você tem algo em sua vida que qualificaria como um fracasso? Em que sente que fracassou na situação. Ou que gostaria de não ter feito o que fez? O que você aprendeu a partir dali? Como isso mudou você?

PC: Quando eu tinha vinte e poucos anos, quando tive meus filhos (minha filha nasceu quando eu tinha vinte e dois anos, e meu filho, quando eu tinha vinte e quatro), eu estava casada e me apaixonei por outra pessoa. Na época estava tentando decidir se deveria ir com a outra pessoa ou permanecer no casamento com o pai dos meus filhos.

Quando penso na quantidade de dor que causei em função do devo/não devo/devo/não devo, e na quantidade de dor que causei por enfim, aos 27 anos, tomar a decisão de deixar meu primeiro marido, ir com o outro homem que se tornou meu segundo marido e levar as crianças — quando penso na quantidade de dor que causei por estar tão inconsciente, inconsciente sobre como isso afetaria meus pais, inconsciente sobre como afetaria meus filhos — pode ser bastante difícil.

Eu estava muito consciente do impacto que teria sobre meu primeiro marido, e minha indecisão em grande parte era porque eu não queria machucá-lo. Eu não queria machucá-lo. Mas nunca pensei em meus pais, nunca pensei em meus filhos, se é que você consegue imaginar uma coisa dessas. Quer dizer, é chocante para mim agora. Meus filhos estavam totalmente despreparados para de repente pegar um trem e ir embora com uma nova pessoa que só tinham visto uma vez. E não estavam preparados para deixar o pai. Eles tinham cerca de quatro e dois anos, ou três e cinco. Eram muito pequenos. Me arrependo muito por isso.

Enquanto criava meus filhos, meio que pensava em mim como o tipo da boa mãe arquetípica, prática. Morávamos no norte do Novo México com meu segundo marido; era na época das comunidades *hippies*, não morávamos numa, mas estávamos cercados delas. Eu tinha essa imagem de mim, mas na verdade estava tão preocupada com minha viagem espiritual, com minha jornada espiritual, que estava alheia a como isso poderia estar afetando as crianças.

Quando meu segundo marido e eu nos separamos, eu ainda não estava muito consciente sobre como tudo isso estava afetando as crianças. Aí entrei *de verdade* na vida espiritual, me tornei monja e muito abstraída. E isso teve um enorme impacto nas crianças. Lembro-me de meu filho certa vez dizer que, quando receberam minha carta contando que eu havia sido ordenada monja — não havia *e-mails* e telefones celulares naquela época — e souberam que eu só voltaria para casa em janeiro, não em setembro, ele sonhou que eu tinha voltado de avião, mas, quando a porta do avião se abria e eu me preparava para sair com a cabeça raspada, alguns braços de dentro do avião me puxavam de volta e fechavam a porta. O avião dava meia-volta e voava para longe. O sonho do meu filho foi muito poderoso. Eu sinto muito remorso por causa disso.

É fato que você não pode refazer esse tipo de coisa. Existem terapias e coisas nas quais você refaz situações em sua mente, mas ouvi uma entrevista de Sua Santidade, o Dalai Lama, sobre a qual falo bastante em meus ensinamentos. Acho que foi o melhor conselho.

Perguntaram para ele se havia algo de que se arrependesse, e ele disse que sim. Ele havia aconselhado um idoso a não realizar certas práticas porque eram adequadas para jovens e não para pessoas de idade. Na semana seguinte, o idoso tirou a própria vida para poder voltar em um corpo jovem e fazer as práticas, e o Dalai Lama sentiu-se diretamente responsável pela morte desse senhor.

Perguntado sobre como se livrou do sentimento — dizem que ele ficou muito quieto, meio que se recolheu e fechou os olhos, entrando em contato com o sentimento —, o Dalai Lama disse: "Não me livrei dele. O arrependimento ainda está lá". E completou: "Você não tenta se livrar desses sentimentos, você passa a conhecê-los e pode mantê-los em seu coração como parte de ser humano".

Incontáveis, incontáveis seres compartilham o sentimento de "Gostaria de não ter feito isso, me arrependo muito por ter feito aquilo". As prisões estão cheias de pessoas com esse tipo de arrependimento profundo pelo que fizeram, e o mundo também está cheio delas. O Dalai Lama conseguiu manter o arrependimento como se ainda estivesse lá. Ele consegue entrar em contato com o sentimento de arrependimento, de fracasso, e isso o conecta com toda a humanidade. É algo que todos os seres humanos sentem.

Em vez de o fracasso e o arrependimento serem as sementes da aversão por si mesmo, podem se tornar a semente da compaixão e da empatia. O Dalai Lama também disse: "Utilizo isso como estímulo para ser uma pessoa melhor no futuro, e isso me estimula mais do que tudo a dedicar minha vida a ajudar os seres sensitivos em vez de feri-los".

Percebi que permanecer com o arrependimento proporciona duas coisas. Pode se tornar a semente da compaixão e da empatia, de modo que você pode se colocar no lugar das outras pessoas, pois sente exatamente o que elas sentem. Também estimula a ajudar as pessoas no futuro, em vez de machucá-las. Como disse o Dalai Lama: "Do contrário, a única alternativa é que isso o arraste mais e mais para baixo".

Permitir-se ser arrastado pelo fracasso cria um enorme senso de "eu". "Eu" como um sólido monolítico, em vez de um processo fluido, dinâmico e cambiante. Fica esculpido na pedra que "eu sou má, eu sou um fracasso", e aí você fica meio que viciada na sensação de afundar na autopiedade, de afundar na culpa e na vergonha. E a quem isso ajuda? Ninguém! Não ajuda você e é venenoso para todos ao seu redor. Portanto, é uma estratégia fútil permitir que o fracasso a arraste, estratégia essa que todos nós empregamos com bastante facilidade.

Uma abordagem é dedicar a vida a ajudar pessoas naquilo que você causou danos. No meu caso, tento endireitar o relacionamento com meus filhos no presente, ter uma boa relação com eles agora. Não há nada que eu possa fazer a respeito da dor que causei a meus pais, mas rememoro muito o que aconteceu e digo "Me arrependo de ter machucado vocês", mesmo que eles já tenham falecido. E também dedico todo e qualquer ato virtuoso ao bem-estar de meus pais.

Quando dei ensinamentos na Omega há cerca de um ano, uma mulher veio ao microfone e contou que trabalhava como assistente social e havia tomado uma decisão ruim. A má decisão foi concluir que um cliente, marido e pai, era tratável e estava bem; ela decidiu que ele poderia ficar em casa com a família. O marido tinha problemas mentais e, quando chegou a casa, teve um surto e matou a esposa e os filhos. Quando ela contou essa história, o coração de todo mundo meio que parou — como você supera uma sensação dessas?

Alguém mencionou essa história outro dia, e lembro que eu disse à mulher algo como: "Você pode dedicar sua vida a ajudar outras pessoas no futuro, em vez de desistir de si. O que aconteceu não significa que você tenha um defeito básico, significa que você cometeu um erro. Obviamente não era sua intenção cometer esse erro, mas você cometeu, e isso resultou na morte daquelas pessoas. Quaisquer atos virtuosos que você faça — as coisas mais simples, ser gentil com alguém, sorrir para alguém, qualquer coisa —, você pode dedicar ao homem, à esposa e aos filhos. Você pode ser proativa em ajudar pessoas que virá a conhecer e também dedicar suas boas ações à família que morreu, mantendo-a em mente em vez de bloqueá-la por ser muito doloroso. Mantenha-os em sua mente e diga 'Dedico isso ao bem-estar de vocês'".

TS: Quero falar um pouco sobre o seu segundo casamento "fracassado", ao qual você se referiu no discurso de formatura na Universidade Naropa. Você diz que não é o motivo pelo qual se tornou monja. Mas, sabe, o boato por aí — a lenda, pode-se dizer — é que você queria matar seu segundo marido, por isso foi parar no mosteiro.

PC: Ah, entendo. Eu não sabia! [Risos.]

TS: Esse é o boato, pelo menos foi o que eu ouvi. Então por que você se tornou monja, se não foi esse o motivo?

PC: Bem, é muito interessante porque, logo

após o término do segundo casamento, eu estava no norte do Novo México, na Fundação Lama, com meu filho. Eu usava um vestido roxo, estava no campo com meus cabelos loiros compridos esvoaçando ao vento e tinha uma autoimagem de ser muito bonita, sabe? Aí o rabino Zalman Schachter-Shalomi veio até mim e disse: "Tive uma visão muito clara de você". Não sei o que pensei que ele iria dizer — talvez algo sobre me ver como uma deusa ou coisa do tipo —, vai saber. E ele disse: "Acabo de ter uma visão muito clara de você como uma monja no jardim de um convento". Fiquei perplexa, sem palavras, porque ele poderia muito bem ter dito "Vi você como uma pessoa de lábios apertados, sem energia sexual, tensa, mesquinha, desagradável", sabe? Para mim, aquela visão não era bonita nem sensual — era exatamente o oposto.

Foi muito insultante para mim e um choque. Acho que não disse nada, fiquei sem palavras, porque "monja" tinha uma conotação muito negativa para mim. Fui criada no Catolicismo e tive algumas experiências ruins com freiras. Então nunca, nem em meus sonhos mais loucos, pensei que me tornaria monja. Faria qualquer coisa para não me tornar freira.

Acontece que fiquei cada vez mais interessada no Budismo. Eu estava na Inglaterra, em um centro de meditação, passando o verão lá. Meus filhos estavam com o pai nos Estados Unidos. Eu ia para esse centro de meditação todo verão. E o 16º Gyalwang Karmapa, que se tornou uma figura muito importante em minha vida, foi para a Inglaterra e ofereceu a ordenação de monjas e monges no Centro Samye Ling, na Escócia.

Todo mundo em nosso centro (éramos uns trinta) se questionava: "Devo/não devo?". Aquilo se tornou o assunto em toda a comunidade. Por incrível que pareça, eu só pensei: "Isso é avanço. Ser monja é um avanço para mim". Como pensei que isso seria avançar, não fazê-lo seria recuar.

Por avanço eu quis dizer: "Estou desenvolvendo um interesse apaixonado pelo despertar espiritual, isso é o avanço para mim, esse é o método de fazê-lo". Pensei: "Não quero me casar de novo — isso é certo. Desde que meu casamento acabou, tive relacionamentos, foram relacionamentos sexuais muito, muito agradáveis, mas, como não quero me casar e não consigo me ver tendo uma série interminável de relacionamentos sexuais que não levam a nada, isso não é um avanço". Toda aquela abordagem de vida simplesmente não fazia mais sentido para mim.

Eu era muito jovem na época — acho que tinha 35 anos — e senti como se tivesse realmente concluído aquela fase da minha vida. O sentimento foi: "Completei essa fase da minha vida, e o avanço agora é simbolizado por me tornar monja". Depois que tive esse pensamento, não houve como voltar atrás. Foi uma paixão. Tempos depois, um antigo amante perguntou: "O que você fez com toda aquela paixão?". E eu respondi: "Bem, ela foi naturalmente redirecionada".

Para mim, foi o próximo passo. Definitivamente, não foi uma escolha para evitar a dor de ser abandonada ou evitar a dor de não ser amada. Foi mais sobre fazer as pazes com todos esses sentimentos e aceitá-los totalmente, sem evitá-los de forma alguma. Tornar-me monja permitiu-me trabalhar tudo isso quase como minha ocupação em tempo integral.

TS: Gostaria de saber o que você diria para quem tem uma sensação de fracasso no amor e que não esteja interessada na vida monástica — isso não seria avanço para tal pessoa. Ela não está interessada nessa escolha, está presa no "Acho que nunca mais poderei confiar em alguém de novo".

A trajetória de seus relacionamentos e seus fins foi muito dolorosa. Para algumas pessoas, existe todo um histórico de relacionamentos fracassados ou terminados. Talvez haja uma história de traição, algo do tipo. O que você diria a alguém que tem a sensação de "Minha vida amorosa foi um fracasso"?

PC: Certo. Bem, deixe-me dizer primeiro que, embora ser monja fosse a escolha para mim — o que foi uma verdadeira abertura *para mim* —, é muito, mas muito raro que esse pareça o caminho a seguir. Conheci pessoas para quem a vida de monja ou monge era uma vocação, mas elas não saíram do meu tipo de situação.

Então, antes de tudo (e eu já tive essa situação com alunos), sempre me empenho muito em pedir às pessoas que olhem bem para o padrão de repetição, porque é valioso perceber esses padrões. Se a situação que você descreve tem os mesmos finais ruins ou fracassos em seus relacionamentos, então eu digo: "Sua prática será entrar em contato total com o sentimento que você tem quando um relacionamento mais uma vez fracassa".

Entrar profundamente em contato com a sensação de estar no fim outra vez. E tentar não tirar conclusões precipitadas, tipo "Nunca mais posso fazer isso de novo", ou "Sou basicamente indigna de ser amada", ou "Tão logo me aproximo de alguém, é o fim de tudo". Tentar fazer com que a prática entre em contato com o sentimento, não com o enredo, e se permitir senti-lo de verdade.

No sentimento estão todas as informações de que você precisará para desvendar o padrão de repetição que a mantém presa. Se uma pessoa trabalha com isso por um tempo, o que é um trabalho realmente difícil, eu digo: "O.k., por que agora você não entra em contato com o sentimento do início do relacionamento? O que há no início de todos esses relacionamentos que a prendem, que a atraem repetidamente para o mesmo tipo de pessoa? Por que você continua escolhendo o mesmo tipo de pessoa?".

Olhar bem como tudo começa. Muitas vezes existe algum tipo de dependência ou algo pelo que você se sente atraída e que sempre acaba no mesmo sentimento.

De alguma forma, o sentimento no final, bem como o sentimento no início do relacionamento, meio que ficaram codificados em seu DNA, e a maneira de se desvencilhar da ignorância ou da confusão a respeito disso é ficar muito consciente do sentimento no final e do sentimento no começo. Isso ajuda muito as pessoas a não se envolverem de novo no mesmo padrão.

É muito comum que o aluno se envolva de novo com o mesmo tipo de padrão. Seja o que for que o tenha atraído para os últimos cinco, dez, sabe-se lá quantos relacionamentos, a mesma coisa o atrai outra vez. E eu digo: "O.k., fique bem atento ao que você sente no início". É claro que agora, por esse trabalho já ter sido feito, não há ignorância, perplexidade ou inconsciência. Ele está bem ciente do que acontece desde o início.

Quando percebem isso, às vezes os alunos não entram nesses relacionamentos. Isso os ajuda a escolher alguém diferente. Outras vezes eles mudam seu papel na dinâmica, e a outra pessoa não gosta. E às vezes eles mudam seu papel na dinâmica, e a coisa funciona de forma diferente. Não acontece o mesmo final ruim.

TS: Na cerimônia de formatura na Universidade Naropa, você falou "fracasse, fracasse de novo, fracasse melhor". Sem dúvida há algum tipo de paradoxo aqui, ou diferentes vertentes de ensino. Por um lado, você encoraja as pessoas a fracassarem de novo, por outro, diz para aprenderem com os fracassos e não repetirem os mesmos padrões. Me ajude a entender isso.

PC: Bem, para mim é exatamente a mesma coisa, veja só. Quando ouço essa citação de Samuel Beckett, ouço o seguinte: você fracassa na sua vida. Faz parte da vida acontecer coisas que você não quer. Faz parte da experiência de vida de todo mundo.

E não é uma vez só. Acontece de novo, certo? Talvez seja um cenário completamente diferente, mas as coisas que não dão certo acontecem de novo porque, se você está crescendo, está vivo, se realmente tem gana de viver — e mesmo que não tenha essa gana —, essa é a história da vida de todo mundo: você vai se deparar com a sensação de fracasso.

Por isso que eu digo: fracasse. Fracasse de novo e talvez você comece a trabalhar com algumas das coisas que estou dizendo. Aí, quando acontece de novo, quando as coisas não dão certo, você fracassa melhor. Em outras palavras, você tem condições de trabalhar com o sentimento de fracasso em vez de empurrá-lo para debaixo do tapete, culpar alguém, criar uma autoimagem negativa — todas essas estratégias fúteis.

"Fracassar melhor" significa começar a ter a capacidade de manter o que no discurso eu chamei de "crueza da vulnerabilidade" no coração e vê-la como sua conexão com outros seres humanos e como parte de sua humanidade. Fracassar melhor significa que, quando essas coisas acontecem na sua vida, elas se tornam uma fonte de crescimento, uma fonte de avanço. Como eu disse no discurso, a partir desse espaço de crueza, você pode se comunicar de verdade com as outras pessoas.

Suas melhores qualidades provêm desse espaço porque ele é desprotegido e você não está se resguardando. Fracassar melhor significa que o fracasso se torna um solo rico e fértil em vez de apenas mais um tapa na cara. É por isso que, na história de Trungpa Rinpoche que compartilhei no discurso, as ondas que nos derrubam começam a parecer menores e têm cada vez menos poder de nos derrubar. Na verdade, talvez seja a mesma onda, talvez seja até maior do que a que nos atingiu no passado, mas parece menor por causa de nossa capacidade de nadar ou surfar.

E não é que o fracasso não doa mais. Quer dizer, você perde as pessoas que ama. Acontece todo tipo de coisa que parte seu coração, mas você pode manter o fracasso e a perda como parte de sua experiência humana e como aquilo que a conecta com outras pessoas.

TS: No discurso de formatura na Universidade Naropa, você falou que um recém-formado pode ter a experiência de olhar para o mundo como se estivesse adentrando um *vazio* ou vórtice que desce infinitamente e que vai dar sabe-se lá onde. Seja na formatura ou em algum momento de transição na vida, existe essa sensação de estar desenraizada — o que costumava ser não é mais. A pessoa não sabe o que vem a seguir. Isso pode ser assustador. Sei que você analisou esse aspecto muito profundamente e escreveu bastante a respeito.

PC: Medo.

TS: Sim, e a ideia de sorrir diante do medo. Por favor, fale sobre isso. Eu deveria sorrir quando encaro um vazio?

PC: [Risos.] Uma das minhas melhores amigas, que não está no caminho espiritual — somos íntimas desde a faculdade —, viu que eu estava fazendo o programa chamado *Sorria diante do medo* e disse: "Sorria diante do medo? Dá um tempo, Pema!". Foi tipo "Afff", sabe? Eu amo os amigos que falam desse jeito.

A questão é como se relacionar com o medo, certo? Quanto a isso, gostaria de dizer que os períodos de transição nos quais se fica sem chão e com medo provavelmente são o terreno mais fértil para o praticante espiritual. Como nada está definido, existem possibilidades ilimitadas para você bem ali, basta virar a cabeça só um pouquinho mais para a direita. Você pode ter a sensação de que tudo é possível, ao contrário de "meu Deus, o que vai acontecer comigo?".

É claro que essa mudança de atitude é imensamente facilitada se houver como se relacionar com o medo. Chögyam Trungpa Rinpoche falou muito sobre o medo como algo positivo. Então, mais uma vez, trata-se de ter uma atitude que lhe permita ficar curiosa em explorar a situação em vez de passar a vida inteira fugindo do desconhecido por ser devastador ou desafiador.

Trungpa diz que o medo, ao contrário da raiva, do ciúme ou do desejo, é um estado muito aberto e fluido. Não precisa ser necessariamente reduzido a algo sólido. Tem uma qualidade muito fluida, interessante de se pensar a respeito. Ele diz que a solidão é parecida. Então, quando o medo surgir, pode ser o momento de você dizer: "Ó, aqui está o medo. Essa é uma qualidade da mente desperta. É uma qualidade do espaço aberto". Em vez de considerá-lo infundado ou atribuir-lhe um nome negativo, você pode reformulá-lo e chamá-lo de possibilidade suprema, porque é desprovido de forma, aberto, e não se concretizou em algo que faça o ego se sentir melhor.

Você também pode dizer para si mesma — isso é como aprender o darma ali mesmo — "Sim, isso não parece bom, sim, meus joelhos estão tremendo, mas vou ficar com isso, vou explorar essa coisa, estou interessada em conhecer essa qualidade porque ela me levará na direção que quero seguir, em vez de voltar para o casulo e a fixação no ego".

Você tem a possibilidade de se abrir para um mundo muito mais amplo ainda desconhecido, onde há cheiros que você nunca sentiu, paisagens que você nunca viu e sons que nunca ouviu. O que você pode experimentar é muito mais vasto do que o que experimenta agora. Vamos nessa direção.

TS: Assim sendo, o que você diz consiste em bravura diante do medo? Qual é a sua definição disso?

PC: Minha definição de bravura — ou coragem — nesse caso seria a disposição de permanecer aberta para o que você sente no momento, a disposição de sentir o que está sentindo. Na tradição Shambhala, falamos muito sobre o guerreiro e a definição de guerreiro. Guerreiro é aquele que cultiva a coragem e está disposto a sentir o que sente. Ser completamente humano, ficar bem por ser completamente humano e estar disposto a sentir isso.

TS: Às vezes as pessoas olham de fora para a nossa vida e dizem: "Deus, isso foi tão corajoso. Você fez isso, fez aquilo, foi muito corajoso". Sei que muitas vezes pensei: "Não foi tão corajoso. Quer saber? As coisas *realmente* corajosas que eu fiz são completamente diferentes". Alguém de fora pode nunca saber quais foram elas. Então, estou curiosa sobre a sua vida; se fôssemos olhar de dentro, quais são as atitudes corajosas — as realmente corajosas — que você tomou na vida?

PC: Seria a mesma coisa de novo — a disposição de não fugir do que sinto quando o que sinto é indesejável e desagradável. Isso acontece muito agora, pois estou muito comprometida com esse caminho e o vejo como florescimento ou desenvolvimento em uma direção positiva. Estou muito comprometida com isso.

Então, quando fico obstinada de alguma forma, ou meus sentimentos são feridos, ou sinto a tendência de ficar obsessiva, que é uma das minhas qualidades, ou quero criticar alguém, qualquer uma dessas coisas para as quais existe uma forte atração em uma velha direção costumeira e mesquinha, a coragem é não atender ao chamado das sereias naquele momento, apenas ficar presente e sentir o que estou sentindo.

Toda vez que faço isso, penso: "Ó meu Deus, como posso pedir para as pessoas fazerem isso? Porque é realmente muito difícil". É sempre mortificante, e fico muito admirada quando percebo que outras pessoas estão fazendo isso, porque é preciso muita coragem e bravura.

Acho que requer muita coragem interromper qualquer padrão habitual por meio de gentileza ou bondade.

TS: Outra pergunta sobre o medo, Ani Pema. Quando olhamos para o que pode estar nos impedindo de correr um risco em nossa vida —

o risco de escrever o livro que realmente queremos escrever, ou o risco de tentarmos uma nova carreira, ou qualquer outra coisa —, existe o medo da possível crítica de outras pessoas. Os outros vão pensar coisas horríveis sobre mim se eu me expuser dessa maneira e não for bem recebida. O medo da crítica é uma das coisas que detém as pessoas, e me pergunto se você pode ajudar nisso.

PC: [Risos.] Bem, primeiro posso dizer que isso vai acontecer. Você escreve um livro, é claro que haverá muitas críticas. Está tudo lá, sabe, em preto e branco, no papel ou no computador. Está lá para as pessoas verem e fazerem picadinho. E tudo o que posso dizer é: se você seguir seu coração, se sentirá melhor do que se ficar contida por causa do medo.

Porém, quando você segue seu coração — mudando de carreira, ou escrevendo o livro, ou seja o que for — não há garantia de que não será um fracasso total e não há garantia de que você não vá receber críticas. Receber elogios e censura é o cenário habitual. E você só quer ouvir os elogios e não quer ouvir as censuras.

A pergunta é: você vai crescer ou vai ficar como está por causa do medo e desperdiçar sua vida humana preciosa na mesmice em vez de quebrar a barreira do som? Quebrar o teto de vidro ou o que quer que seja em sua vida? Você está disposta a seguir em frente?

Sugiro encontrar a disposição de seguir em frente em vez de ficar parada, que basicamente significa retroceder, ainda mais quando você tem um chamado em alguma direção. Esse chamado precisa ser atendido. E a coisa não vai necessariamente funcionar da maneira que você deseja, mas vai conduzi-la para a frente, e você vai sair do ninho. Isso nunca pode ser um erro: voar em vez de ficar no ninho com todo o cocô e tudo o que há lá dentro.

TS: E se alguém disser: "Sabe, estou paralisado pelo medo. Ouvi o que você disse e concordo.

Quero seguir meu chamado. Quero, mas tenho esse sentimento de pavor".

PC: Eu diria para ser muito gentil consigo mesma, não forçar, apenas avançar lentamente pelos próximos cinco anos, depois por mais dez anos. Continuar com passinhos de bebê, caminhando em direção ao medo. Parte disso será trabalhar com o medo por meio da meditação, por exemplo.

Seja gentil, vá devagar, não se apresse, mas, como se diz por aí, fique de olho no objetivo. Diga: "Isso é algo que eu quero fazer, vou em frente e tenho uma data-limite, que pode ser daqui a um ano, ou dois anos, três, cinco, dez anos". Se você estiver realmente paralisada pelo medo, se estiver nesse grau, que eu sei que muitos de nós estamos, dê um tempo. Dê tempo suficiente para seu estômago parar de se embrulhar quando você pensa em fazê-lo.

Enquanto isso, você precisa ficar de olho no objetivo e começar a avançar nessa direção, trabalhando com o medo e fazendo outras coisas que possam ajudá-la a mudar de carreira ou escrever o livro, ou o que for. Se é algo como escrever, basta começar. Não a escrever o livro — você pode simplesmente começar um blogue ou um diário. Continue se movendo na direção que deseja seguir.

TS: Agora, a última coisa sobre fracasso que quero abordar tem a ver com um sentimento que acho que muita gente encara em algum momento da vida, de que seu corpo está falhando.

PC: Ah, sim. Conheço isso.

TS: Essa sensação de "meu corpo não funciona como costumava" pode ser muito, muito dolorosa, seja por causa do processo de envelhecimento ou de uma doença. Como você pode ajudar as pessoas a trabalhar com esse sentimento de fracasso?

PC: Você sabe que existem muitos livros lindos escritos sobre pessoas cujo corpo colapsou ou que tinham dor crônica ou algo assim, e sobre como elas transformaram isso em seu caminho.

Em primeiro lugar, entendo um pouco do assunto porque estou chegando aos oitenta e tenho todo tipo de coisa física. É como Leonard Cohen diz: "Sinto dor onde costumava sentir prazer". Mas envelhecimento — envelhecer — é uma coisa; outra coisa é ser acometida por uma doença quando você é mais jovem. Quanto ao envelhecimento, não há razão para ficar tão transtornada e chateada por envelhecer. Quero dizer, fomos avisadas, certo? Se você é uma pessoa espiritual, foi avisada repetidas vezes de que um dos sofrimentos é a velhice e a doença, que é seguida pela morte. Mesmo que você não seja uma pessoa espiritual, já viu muita gente de idade. O que fez você pensar que isso não aconteceria com você?

Você pode ter se iludido a vida inteira, mas, quando acontece, que tal dizer: "Bem, isso é natural. Se há algo de natural em ser humano é que a máquina começa a se desgastar e um dia eu vou morrer". Tente fazer com que o envelhecimento e a morte não pareçam coisas tão terríveis. É mais fácil falar do que fazer, mas falo como alguém que está envelhecendo. Quando penso a respeito de ter oitenta anos, lembro-me de que ninguém na minha família jamais passou dos oitenta e cinco e, penso, uau. Não é uma quantidade de tempo que passe com um estalar de dedos, sabia? Portanto, não ver o envelhecimento como um problema me parece muito importante.

E vou dizer uma coisa: espírito é tudo. Assisti a uma entrevista de Oprah Winfrey com sua mentora, Maya Angelou, que morreu aos oitenta e seis anos, creio eu. Maya Angelou estava com uns oitenta e cinco anos, e Oprah Winfrey perguntou: "Então, como você se sente com oitenta e cinco anos?".

E ela respondeu: "Se você tiver oportunidade, aproveite". Eu simplesmente amei isso! Se você tiver chance, aproveite! Essa é a atitude. Atitude é tudo, e, minha nossa, que diferença que isso faz!

Entendo por que, como praticantes, somos incentivados a praticar e estabelecer bons hábitos de meditação quando mais jovens; é porque não fica mais fácil quando se é mais velho. Às vezes você precisa começar a tomar medicamentos que dificultam não se distrair e manter a mente aberta e em um só lugar. Eu não consigo mais sentar e meditar por uma hora, nem mesmo meia hora. Tenho que me levantar e me mexer, porque existem coisas que tornam mais complicada uma sessão sentada.

TS: Você tem que fazer isso por causa da dor?

PC: Sim, tenho dor nas costas. Por isso fica mais difícil quando se envelhece, mas é de se esperar que isso aconteça. Lembre-se disso enquanto é jovem. Não pense "Bem, quando eu ficar mais velha e puder me aposentar, será fácil", porque poderá ser mais difícil. Essa foi uma pequena digressão, mas quis acrescentar isso.

Agora que a velhice chegou, caramba, eu olho para alguém em um andador e sinto muita empatia e compaixão pela situação. Sabe, penso que pode ser eu amanhã andando por aí assim, caminhando com um andador. A máquina começa a entregar os pontos e nesse momento seu espírito e sua atitude são tudo.

Se você é jovem e sofre um acidente ou doença súbita, algo que vem do nada e não faz parte do processo natural do desenrolar de uma vida humana, mais uma vez a atitude é tudo. Tendo sofrido de fadiga crônica por mais de vinte anos, posso dizer que atitude é tudo. E temos exemplos famosos de pessoas como Stephen Hawking, que não conseguem mexer nada do corpo. Ele é um exemplo de como a vida continua, de como você ainda pode viver uma vida inspiradora e inspirada tendo as piores deficiências. Sentir pena de si mesma ou ficar obcecada com todas as histórias de desgraça é muito comum. Tive a sorte de ser praticante de meditação, pois não desenvolvi depressão devido à fadiga crônica. É bastante comum desenvolver depressão durante uma doença.

Parte do que as pessoas têm dificuldade em aceitar quando estão doentes não é a doença em si. Por exemplo, gente muito ativa que sofre de fadiga crônica pode sentir que não consegue ser quem costumava ser aos próprios olhos ou aos olhos de outras pessoas, e isso pode ser muito difícil. É muito desolador e machuca o ego, por isso as pessoas ficam deprimidas. Mas não há necessidade disso, não mesmo. Não há necessidade disso se você vive um momento de cada vez, sem um enredo sobre o que a doença significa para você como ser humano ou o que as outras pessoas pensam de você.

A fadiga crônica não tem dores extremas, mas agora que tenho dor nas costas posso dizer que a fadiga crônica foi muito pior do que a dor nas costas, que às vezes ocorre com intensidade bastante severa. Com a fadiga crônica, você se sente péssima o tempo todo. Você não tem *chi*, não tem a energia da força vital. Você mal consegue levantar a mão. E as pessoas dizem: "Mas você parece tão bem". Não importa a sua aparência, você se sente horrível o tempo todo. Você se sente como se estivesse arrasada com gripe 24 horas por dia, sete dias por semana, durante o ano todo, ano após ano após ano. Nesse caso, e no caso de qualquer doença, você não precisa acreditar nas histórias que conta para si mesma sobre quem você é e sobre o medo do que as outras pessoas vão pensar de você. Em vez disso, pode aceitar que não há nada de errado com você; você ainda é uma pessoa plena e completa.

Ultimamente, tenho usado muito com meus alunos a prática de reconhecer nossa totalidade. Reconheça sua totalidade, exatamente como você é — você é completa do jeito que é. Alguns de meus alunos dizem que usam isso como um mantra quando acontece algo que gera medo, dor ou qualquer coisa que faça a mente se voltar para o "sou um fracasso, sou mau, minha vida acabou".

Nesses momentos, eles dizem para si mesmos: "Esse momento é completo como é, eu sou completo como sou, as coisas estão bem e inteiras assim como estão". Isso permite que você simplesmente relaxe de alguma forma com a situação, que é completa do jeito que é, em vez de seguir o impulso de que algo está errado, de que você fez algo errado ou de que algo errado aconteceu.

É claro que parece que algo de errado aconteceu quando você acorda após um acidente e está paralisada do pescoço para baixo ou algo assim. Mal posso imaginar o que alguém enfrenta em uma situação assim. Mas em algum momento, tendo passado por algum tipo de processo de luto e se sentindo muito, muito destroçada, você pode apenas dizer: "Não fiz nada de errado. Minha verdadeira natureza não foi tocada por isso. Quem eu realmente sou ainda é a mesma de antes".

Seja uma doença mental ou deficiência física, não afeta sua natureza básica. Você pode confiar nisso e voltar a essa ideia como uma pedra de toque. Assim, a prática é sempre, de novo e de novo, ser capaz de sentir o que você sente sem o enredo da história que você conta para si mesma, permanecer com o que é exatamente como é, com muita gentileza e até apreço.

TS: Você disse uma frase bonita ao falar sobre o processo de envelhecimento, "espírito é tudo".

PC: Espírito é tudo.

TS: O que você quer dizer com isso?

PC: Acho que outra maneira de dizer é que atitude é tudo. Atitude com um tipo de *lungta*, que significa elevado, conectado com a energia da vida. É ver o copo meio cheio. E ver que sempre há um potencial de crescimento no que quer que esteja acontecendo.

Isso não significa se sentir bem ou se sentir mal, mas ir além dos rótulos de bem e mal. Você pode experimentar sua verdadeira natureza como vasta, aberta, fresca, imparcial e livre dos rótulos que colocamos nas coisas.

Espírito é tudo em termos do processo de envelhecimento. Olhar para as coisas como positivas, como avanços — vamos usar a palavra avanço em vez de positivo, porque isso inclui o que quer que aconteça. Em vez de recuar na tentativa de encontrar pequenas ilhas de segurança que sempre acabam deixando você na mão, você aprende a voar ou flutuar e ficar bem na ausência de forma, na falta de chão ou na abertura infinita das coisas, que é quem você realmente tem sido o tempo todo.

Você nunca sabe realmente o que vai acontecer a seguir e nunca sabe quem você é de um momento para o outro. Tudo está se desenrolando. Veja bem, para mim nesse estágio é emocionante como tudo continua a se desenrolar. Até o tédio se desenrola.

TS: Avançar.

PC: Avançar! Esse é o nosso lema.

TS: Lindo. Obrigada, Ani Pema.

Sobre a autora

Pema Chödrön é autora de muitos clássicos espirituais, incluindo *Quando tudo se desfaz, Os lugares que nos assustam, O salto* e *A beleza da vida.* Atua como professora residente no mosteiro de Gampo Abbey, na Nova Escócia, e é aluna do falecido Chögyam Trungpa Rinpoche, Dzigar Kongtrul Rinpoche e Sakyong Mipham Rinpoche.

Na Editora Gaia, publicamos livros que refletem nossas ideias e valores: Desenvolvimento humano / Educação e Meio Ambiente / Esporte / Aventura / Fotografia / Gastronomia / Saúde / Alimentação e Literatura infantil.